スマナサーラ長老の
悩みをなくす7つの玉手箱
7

慈しみと人間成長

国書刊行会

慈しみと人間成長【目　次】

イラスト・装幀：佐藤広基・佐藤桃子（REALIZE）

慈しみと人間成長

人間は生まれつきわがままです

慈悲《じひ》のこころは、人間にとってたいへん必要なこころです。

私たちはみんな、ほんとうはきれいなこころで生きていたいという気持ちはもっていますよね。悪い人間になりたいという人はいないのですから。

いい人間になりたい、ほんとうに清らかな、すばらしい人間になりたい、という気持ちはあるのだけど、どうもどこかでできないのですね。

それが不思議なのです。なんかどこかで、すぐわがままになったりするし、もう自分のことしか考えられなくなって、なんでも自分中心に考えてしまっているのですね。「これはどういうことか」と、なんかイヤになるほどなのですね。

私たちは、気持ちとしてはいい人間になりたいのです。人の気持ちをよく理解して、みんなにやさしく、明るく生きていたいという気持ちはあるのです。あるのだけど、ついどこかでおかしい行動をしてしまうのです。

それには、すごい秘密があるのです。

その秘密というのは、この世に生まれた瞬間から、われわれは死にかけているということです。

親子の状況を見ても、そうなのです。おなかの中に子どもが宿った瞬間から、母の身体がその子どもを、身体から追い出そうとしているのです。寄生といいますか、身体に宿っている違う生命だから、「出て行

人間は生まれつきわがままです

け！」と。

私たちはみんな、この世の中に現われた瞬間から、殺されかけていたのですね。

とにかく生きていきたいという強い希望があるのですから、自分を守らなければいけないのですね。その瞬間から、自分のことしか考えられなくなってしまうのです。なにか、「まわりは敵だらけではないか」と感じてしまうのです。それは、ずっとこころの中に本能として隠れてあるのです。

それから、おなかの中で十か月間がんばって、なんとか自分の命を守って、胎児が大きくなると、自分の身体からいろんなホルモンを出すのです。いろんな化学物質を。その化学物質が母の身体中を回ったところで、母に「母」としての愛情が生まれてくるのです。

「ああ、子どもはがんばって守り育てるものなのですね」

と。母の愛情で子どもを育てるというより、子どもががんばってホルモンを分泌《ぶんぴつ》して、母のこころに愛情をつくる、と言ったほうが正しいと思います。

それで、やっと生まれますが、そのときから、病気になるわ、いろんなひどいめに遭《あ》うわ、もうたいへんきついのですね。人生、生きるということは。

ですから、どうしようもないのです。生命というものは、いつでも危機に瀕《ひん》しているのですね。

ちょっとしたことで、ちょっと風邪をひいたぐらいでも、死んでしまうかもしれません。実際にいるのですからね。ちょっと風邪をひいて、それで肺炎になって死んでしまう人も。

私たちは、いつでも殺される恐れがあるのです。ですから、自分を守らなければいけない。それで、自分のために行動してしまうのですね。そういうわけで、この「わがまま」というのは、どうしようもないのです。つい、まず自分のことを考えてしまうのです。

ですから、清らかなこころは、そんなに簡単にはつくれないのです。そこで、なぜ殺されるかというと、私たちは最初から、生命として、生きとし生けるものとして持たなければならない、すばらしいエネルギーを持っていないのですね。

すばらしい慈悲のエネルギーと功徳

生命として持たなければならない、すばらしいエネルギーというのは、慈悲のエネルギーです。

これは、すごいエネルギー、すごいパワーなのです。発電所みたいに、身体からすごく清らかなエネルギーを出すのです。慈悲のエネルギーを出すと、ほかの生命も、ものすごく喜びを感じるのです。

たとえば、自分のこころから慈悲の気持ち、慈悲の念《ねん》を出すと、まわりのみんなが、なんとなくすごく気持ちよくなってしまうのです。

「この人だけは私の敵ではありません」「この人、私のことをほんとうに思ってくれているんだ」と感じるのです。こころとこころがつながるのですね。そういうふうに、こころとこころをつなげると、あらゆる敵が消えていってしまうのです。

〈よく眠り、よく目覚める〉

それだけではありません。慈悲のこころを育てることによって、計り知れない利益《りやく》・功徳《くどく》があるのです。お釈迦さまは、慈悲《じひ》の冥想《めいそう》（慈悲のこころを育てる修行）について、こうおっしゃっています（以下、パーリ語の引用部分は、Aṅguttara Nikāya, Ekādasaka-Nipāta, XVI, PTS版 AN.V.342 和訳は『南伝大蔵経』第二十二巻下［増支部経典七］三二二～三二三頁）。

「慈悲の冥想をするならば、自分の身体の調子がすごくよくなります。すごく安らかに眠れます。すごく明るく起きられます」と。

私たちが寝ているあいだというのは、ほんとうに危ないものなのです。起きていればいろんなことを考えたりするのだけど、寝てしまったらなにもできないのですね。

しかも、心配ごとがいっぱいあると寝つけない、いろんな混乱が出てくる、悩みごとが出てくる、もうたいへんで、寝ることにもトラブルばかりなのです。身体が休めないのです。安心して寝られないのです。

たとえば、子どもが学校に行って、いろいろけんかしたり、トラブルがあったりすると、いちばん困るのが母親、父親なのですね。

夜も眠れない、昼もこれで頭がいっぱい、悩んで悩んで、「どうしようか、どうしようか」と。

「どうしようか」と思っても、どうすることもできないし、学校は自分の言うことを聞いてくれないし、文部科学省も母親の文句なんか、言っても聞いてくれませんし、どうしようもないのですね。一人で悩むしかないのです。

で、子どもに「しっかりしなさい」と言っても、そう簡単にしっかりすることなんかできはしない。それで夜、眠れなくなってしまうのですね。

慈悲の冥想をすると、こころが落ち着いて落ち着いて、問題がなくなって、よく眠れるようになります。それで、きれいに明るく起きられるのです。

きれいな気持ちで起きられたら、その一日は大丈夫なのです。起きるときも混乱ばかり、悩みばかりで起きてしまったら、もう、一日がだめになってしまうのです。

それは、お釈迦さまのことばでは'Sukham《スカン》 supati《スパティ》, sukham《スカン》 patibujjhati《パティブッジャティ》'

(よく眠り、よく目覚める)と言います。

〈悪い夢を見ない〉

それで、寝ているときに、けっして悪い夢は見ないのです。悪い夢を見るというのは、自分のこころがものすごく混乱しているということなのです。

こころが穏やかになると、見る夢もすごくこころを慰めてくれる、清らかな夢なのですね。

あるとても小さな女の子に慈悲の冥想を教えてあげたら、その子は「すごくいい夢を見たんだ」とお母さんに言ったのです。

その夢の話を聞いてみたら、ほんとに女の子の見る夢だなと思ったのですが、お父さんとお母さんがどこかの王様とお妃《きさき》様みたいな感じになって、お城にいて、自分がお姫様で……。

そこに私もいたのだそうです。そして、みんなを自分のところに呼んでもらったのだそうです。みんな、子どものこころに気に入っている人たちなのですね。そのみんなに夢で会う。だから、夢でも気持ちいいのです。私とはちょくちょく遊んだことがあって、こころに残っているのですね、映像が。

子どもにとって一番ありがたい存在というのは、お母さんとお父さんですね。女の子だから、お姫様になりたいという気持ちもあるし、お城に住みたいという気持ちもあるし。夢を見ていても楽しくて、起きてからもすごく喜んで、お母さんにこの話ばかりするものだから、お母さんが不思議に思って私にこの話をしたのです。

慈悲のこころを育てると、夢を見るときも清らかな美しい夢が見られ

るのです。

それは、お釈迦さまのことばで‘na《ナ》 pāpakaṁ《パーパカン》 supinaṁ《スピナン》 passati《パッサティ》’（悪い夢を見ない）と言っています。

〈病気になりにくい〉

で、だいたい病気にはならない。でもこれについては、お釈迦さまはあまりおっしゃらない。

なぜかというと、人間は欲張りなのですね。それは危ないのです。欲張りというのは、自分のことばかり考えますから、自分が病気にならないために慈悲の冥想をしても、それではうまくいかないのです。慈悲のこころが育つわけではありません。

病気になってもかまわないのです。どうせこんな身体をもっているのだから……。この身体は機械なのですね。「機械は故障しません」と言ったら、それは嘘《うそ》でしょう。故障はするものです。だから、病気にならないわけはないのです。私たちは病気になるし、やはりいつか死ななければいけないし、それはまた、ありがたいことなのです。

身体は歳《とし》とともにぼろぼろになります。私も老人で、身体はあちこちぼろぼろです。ぼろぼろの身体で生きつづけるのはたいへんです。ですから、人間というのは身体が機能しなくなったら死ぬ。それは、けっして悪いことではないのです。

どんな人間でも病気にはなりますよ。でも、慈悲のこころを育てると、病気になっても、たいしたことはないというか、なにか薬をもらったり、ちょっとなにかして、それは治せるのです。

でも、いまの人びとというのは、病気になったらなかなか治らないのです。ずっと病気をつづけてしまうのですね。

だいたい、人と話したら病気のことしか、しゃべることがなんにもないというような感じです。あっちが痛い、こっちが痛いという話ばかりです。薬は飲むわ、飲むわ。わがままなこころで薬をいくら飲んでも、効かないのですね。薬の効能、はたらきも弱くなってしまうのです。

慈悲の冥想をすると、病気なんかになっても、それはもう、ぜんぜん気にする必要はありません。ちょっとなにか薬をもらったりして、すぐ治せます。大量に薬を飲まなくてもけっこうです。薬も身体には毒ですから。ほんのわずかで治るのです。

〈人間以外の生命に好かれる〉

お釈迦さまの次のことばは'amanussānaṃ《アマヌッサーナン》 piyo《ピヨー》 hoti《ホーティ》'（人間以外の生命に

愛される）です。

アマヌッサー（amanussā）というのは、人間ではない人間以外の生命（存在）なのですね。

どんな存在でしょうか？　いろいろあります。人間だけでなく、いろんな生命がいますからね。地球上にいる、人間ではない生命のすべてが、アマヌッサーになります。

それだけではありません。私たちに見える世界だけが、すべてというわけではないのです。仏教の話から申しあげると、神々の世界、梵天《ぼんてん》の世界など、人間より高次元の世界の生命もあります。地獄《じごく》・餓鬼《がき》・阿修《あしゅ》羅《ら》など、人間より不便な次元の生命もいます。

また、われわれが一般的に「幽霊《ゆうれい》」ということばで示す霊《れい》の世界を信じている人もあるかと思います。霊があるかないか、人間以外の生命がいるかいないかは、確かめようと証拠を探して時間をむだにする必要はないと思います。

'amanussānaṃ piyo hoti' というお釈迦さまのことばの意味は、「(慈しみの気持ちを育てる人のことを) 人間以外の生命も好きになります」ということです。

昔からよく言われますけど、どこかへ行ったら、だれかが乗り移ったとか、お化け屋敷みたいなところもありますからね。そこに住んでいる人は、みんな病気になったり、いろんな事故を起こしたりして、早く死ぬというような話は、たまにあるのですね。実話かどうかわかりませんけど、一応、人間のことをあまり好きでない、そういう存在も、たしかにいることはいるのです。

みなさんも感じるでしょう。すごく気持ちのいい家《うち》があったり、それ

からなんか暗い家があったりして。暗いところにいると、なにか自分も気持ちが暗くなって、だんだん腹が立ってしまったとか、早く帰りたくなったりとかね。

また逆に、別の家では、行ったらすごく気持ちよくて楽しくて……とかね。そういう波動とか雰囲気というものはあるのです。

ところが、自分のこころに慈悲があるならば、まわりの雰囲気がどんなエネルギーを持っていても、まわりが自分のことを好きになってしまうのです。

〈神々が守ってくれる〉

次のお釈迦《しゃか》さまのことばは'devatā《デーワター》 rakkhanti《ラッカンティ》'（神々が守る）です。

神々が守ってくれるのですね。

人は一所懸命、お供えものを持っていって神様にお祈りするでしょう。「お願いします。なんとか病気を治してください」とか、「子どものことをなんとかしてください」とか、「主人の仕事がなんとかであってください」とか、頼んだりするでしょう。

でも、頼んでも、あんまり聞いてくれないことのほうが多いでしょうから、人間はがんばらなくてはいけない。

神々は、人間からなにかを欲しがっているのです。それは、ご飯ちょっととか、みかん一個とかではないのです。みかんを食べるのは人間か猿《さる》ぐらいだし、まあお米は鳥も食べますけど、神々は食べないのです。花を立ててあげても、人間にはきれいですけど、神々には関係ないのです。神々が欲しいのは、物ではなく、人の気持ちなのですね。

でも、私たちとしては、神様になにかをあげてから願いごとをしたいのですね。それで、ご飯を持っていって差し上げる。あるいは、お酒を持っていって差し上げる。その人間の気持ちはわかるのだけど、むこうには要《い》らないものなのですね。

要らないものをもらって、うれしいでしょうか？　みなさんの家に、だれかがぜんぜん要らないものを持ってきたとしましょう。いくら高価なものでも、それはえらい迷惑なのですね。「せっかく持ってきてくれたのだから捨てるわけにもいかないし、置く場所もないし、困ったな」と。それで、「その代わりなにかしてください」と言われても、なにか自分が損をするというようなことになってしまうのですね。

人間はみんな、それと同じことを神々にもやっているのです。神々も人間の気持ちはわかるのだけど、こんな要らないものを置いていって、その代わりにいろいろ面倒を見てあげなくてはいけない、ということに

なってしまいますから、たいへんです。

お釈迦さまがおっしゃるのは、そうではなくて、深く慈悲のこころをつくってください、ということなのです。

慈しみのこころを持っている人のことを、イヤだと思う生命はいません。神々にとっても、人びとが慈しみの波動を出すと役に立つみたいです。私たちにしても、やさしい人のことが好きでしょう。動物でも、やさしい人にはなついてくるでしょう。神々も、人間が深い慈しみのこころを持つようになったら、人間のことを深い愛情で見守ることになるだろうと思います。

ということは、われわれが慈しみのこころを育てることこそが、神々にもなにかしてあげたことになります。慈しみのこころ自体が、神々にたいするほんとうのお供えものなのです。それだったら、お願いしなくても助けてくれます。

ですから、必要なのは慈悲のこころだけなのです。そうすると、怖いものはありません。いろんな悪霊《あくりょう》たちにも好まれるし、神々は守ってくれるし。

〈災害にも困らない〉

それから怖いのは、災害にあうことですね。なかでも、火事は怖いものなのですね。でも、慈しみのこころを育てる人には、そういう心配はないのです。毒にも中《あた》りませんし、火の恐怖感は消えていくし、そういう自然の災害というものは、なくなってしまうのです。

地震も怖いものです。でも、地震でなにか倒れてしまっても、人が無事なら、どうということもない。それがいちばんの幸せですからね。

地震で家が壊れても、それはしょうがないことです。新しく建てればいい。それよりは、親戚やら自分の子どもやらが亡くなってしまうと、悲しくて悲しくて、どうしようもなくなるのです。ですから、そういう自然災害からも守られます。

このことは、お釈迦さまのことばで申しますと‘nāssa《ナッサ》 aggi《アッギ》 vā《ワー》 visaṃ《ヴィサン》 vā《ワー》 satthaṃ《サッタン》 vā《ワー》 kamati《カマティ》’となります。「火も毒も武器も彼（慈悲の実践者）を襲わない」という意味です。

〈こころが落ち着く〉

それから、こころが落ち着きます。‘tuvaṭaṃ《トゥワタン》 cittaṃ《チッタン》 samādhiyati《サマーディヤティ》’と言います。「こころがすみやかに完全に落ち着いた状態、統一状態になる」という意味です。

人はちょっとしたことで、精神的に混乱してまいってしまいます。問題が起こったら、トラブルが起きたら、頭がパニック状態になりますね。それで、なにもできなくなってしまいます。

トラブルや問題が起こったときは、明確に智慧《ちえ》を使う必要がありますす。それなのに、そんなときにかぎって頭が混乱してしまって智慧が出ないのです。それでは、状態がさらに悪くなるだけですね。

慈悲の気持ちを育てる人は、深い海のように、大地のように、大きな安定したこころを持っていますから、なにが起ころうとも冷静にそれに対処し、混乱はしないのです。

統一したこころというものは、すべての智慧が現われる土台なのです。

〈明るくなる〉

次にお釈迦さまは、「慈悲の気持ちを育てる人の顔色は明るくなります」（mukhavaṇno《ムカワンノー》 vippasīdati《ヴィッパシーダティ》）と説かれています。

悩み、苦しみ、嫉妬《しっと》、怒り、恨《うら》み、憎《にく》しみなどの感情でこころが汚れている人は、全体的に暗くて、人をひきつける力がまったくないことを、みなさんはよくご存知でしょう。

暗い感情の代わりに慈悲のこころを育てれば、人はとても明るくなります。身体も美しくなります。人に愛される人間になります。魅力的な人になるのです。

精神的な明るさだけではなく、身体的にも明るくなるという意味です。

〈ぼけずに死ねる〉

慈しみのこころには、さらに大事な徳があります。

それは臨終のとき、ぼけることなく、混乱することなく、こころが明《めい》晰《せき》な状態で最期《さいご》を迎えられることです。

アルツハイマーという原因がわからないこのぼける病気は、たいへん悲しい病気だと思います。人はだれでも、ぼけないことだけは願っていると思います。

仏教でも、幸せな死に方というのは、最後まで意識がしっかりと機能していることです。脳細胞が壊れて、自我意識さえも消えて死んだならば、死後も幸せにはなりにくいのです。

慈悲の冥想をする人は、「こころが乱れることなく亡くなります」(asammūḷho《アサンムールホー》 kālaṃ《カーラン》 karoti《カローティ》) と言われています。

いまの流行語で言えば、「認知症防止対策」にもなるということでしょうね。

〈うまくいけば解脱、残念賞でも梵天に往生する〉

お釈迦さまは、おっしゃいます。人間は亡くなったら、いろんなところに生まれ変わるのだと。輪廻転生《りんねてんしょう》ですね。その生まれ変わるところは、自分のこころの状態で決まってしまうのですね。

汚れたこころで死ぬ人は、天国に行くはずはないし、すごく清らかなこころで亡くなる人は、ものすごく立派なところに生まれるのです。

だから、慈悲のこころのある人は、亡くなったら、確実に梵天に生まれるのです。「梵天」というのは、生まれるところのなかで最高のところなのですが、そこに生まれるのです。

そこに生まれたら、ずっと幸福感、至福感、それだけで生きているのです。人間とか、そういうものとは違うのです。この身体とか、そんなものがあるわけでもないし、なにかやる必要もないのです。ずっと至福感、幸福感のエネルギーがあって、そこで生きているのです。

その寿命は短くはないのです。だいたい宇宙一個ができあがって消えるぐらいの時間、生きていられるのですね。だから、すごい時間なのです。至福感だけをずっと味わって。

慈悲のこころには、それぐらいの徳があるのです。

亡くなってから最高の次元に生まれ変われると言うと、みなさんは「かなりきびしく冥想をする必要があるのではないか?」と思われるでしょう。

でも、お釈迦さまのことばを直訳すると、このようになります。

残念賞
梵天

「上のレベルに達することができなかったならば、梵天に生まれ変わります」(uttarim《ウッタリン》 appaṭivijjhanto《アッパティヴィッジャントー》 brahmalokūpago《ブラフマロークーパゴー》 hoti《ホーティ》)

冥想がうまく進んだならば、輪廻転生するのではなく、完全なる解脱《げだつ》を体験することができます。もし冥想がそこまで進まなかったならば、最高の次元で生まれ変わることができる、ということです。

なにかにチャレンジして外れたら、「残念賞」をもらえる場合がありますね。天国よりも高い梵天に生まれ変わることは、慈悲の冥想の残念賞なのです。つまり、冥想が成功しても、さほど進まなくても、幸せになることだけは確かということです。

「まちがったら罰《ばち》が当たりますよ」ではなく、「まちがっても最高の結果が得られますよ」ということです。

そこで、ほんのわずかな時間でも慈悲の冥想をなさってみれば、よくわかるのです。

「なんか、自分のまわりの人びとの性格まで変わっていくのではないか」、「なんかわけがわからないのだけど、みんながすごくやさしくなったり、おたがいにすごく気持ちが通じるようになった」という具合に、生きることがとても幸せになるのです。

ですから、幸せを把《つか》むためには、慈悲のこころをつくりましょう。慈悲のこころは、つくらなければだめなのです。生まれつき、われわれはわがままにできているのだから。人を敵と見てしまうのですよ。「他人」と見てしまうのですね。そうすると、生きるのはむずかしい。

そういうことで、まず仏教の道を歩むかたがたは、慈悲のこころをつくることが基本的で大事なのです。

慈悲の冥想

話はそれぐらいにして、実際に慈悲の冥想をやってみましょう。

足を痛めないように座って、背筋をまっすぐにし、軽く目を閉じます。

まず、自分のことを念じます。「自分が幸せでありますように」と。ゆっくりと、自分のこころに聞かせてあげるように、（声に出せるならば）声に出して、ことばどおりに念じてください。


私は幸せでありますように。

私の悩み苦しみがなくなりますように。
私の願いごとがかなえられますように。
私に悟りの光があらわれますように。（以上を3回くりかえし）

私は幸せでありますように。（3回）

これからしばらくの間、こころの中で「私は幸せでありますように、私は幸せでありますように」と、くりかえし念じます。

＊　＊　＊

次に、自分の親しい人びとのことを思いうかべてください。自分の家族、目上の人びと、つきあっている友達、そういう自分の親しい人びとのことを思いうかべます。ことばどおりに、声に出して念じます。

私の親しい人びとが幸せでありますように。
私の親しい人びとの悩み苦しみがなくなりますように。
私の親しい人びとの願いごとがかなえられますように。
私の親しい人びとにも悟りの光があらわれますように。

（以上を3回くりかえし）

私の親しい人びとが幸せでありますように。（3回）

しばらくの間、こころの中で、「私の親しい人びとが幸せでありますように、私の親しい人びとが幸せでありますように」と念じます。

次に、すべての生命のことを思い浮かべてください。大雑把《おおざっぱ》に思いうかべてもかまいません。

＊　＊　＊

生きとし生けるものが幸せでありますように。
生きとし生けるものの悩み苦しみがなくなりますように。
生きとし生けるものの願いごとがかなえられますように。
生きとし生けるものにも悟りの光があらわれますように。
（以上を3回くりかえし）

生きとし生けるものが幸せでありますように。（3回）

これからしばらくの間、こころの中で「生きとし生けるものが幸せでありますように、生きとし生けるものが幸せでありますように」と、くりかえし念じてください。自分のこころから、慈悲の力、エネルギーがずーっと限りなく広がっていくように感じながら、冥想をしてみてください。

＊　＊　＊

次に、自分の嫌いな人びとがいるならば、その人びとにも慈悲の冥想をしてみます。

私の嫌いな人びとも幸せでありますように。
私の嫌いな人びとの悩み苦しみがなくなりますように。

私の嫌いな人びとの願いごとがかなえられますように。
私の嫌いな人びとにも悟りの光があらわれますように。

次に、自分のことを嫌いな人びとにも慈悲の冥想をします。

私を嫌っている人びとも幸せでありますように。
私を嫌っている人びとの悩み苦しみがなくなりますように。
私を嫌っている人びとの願いごとがかなえられますように。
私を嫌っている人びとにも悟りの光があらわれますように。

生きとし生けるものが幸せでありますように。
生きとし生けるものの悩み苦しみがなくなりますように。

生きとし生けるものの願いごとがかなえられますように。
生きとし生けるものにも悟りの光があらわれますように。
生きとし生けるものが幸せでありますように。（3回）

慈悲の冥想を終わります。ゆっくりと目を開けてください。

慈悲の光をつくる

慈悲の冥想の実践は、以上のようにおこないます。

日常生活でごく普通にいろんなことをやっているときでも、こころの中で「生きとし生けるものが幸せでありますように」ということをずっと念じていると、とてもいいのです。

人間というのは、いつでもよけいなことをなにか考えてしまいます。で、その考えをよく観《み》てみると、「よくも下らないことを考えているなあ」と、私も自分で思いますけどね。

よけいなことを考えなくてもいいのです。世の中のこととか、家族のこととか、いろんなことを考えますが、考えてもたいした結果は出てこないのです。

その代わりに、なにも考えないで、「生きとし生けるものが幸せでありますように」、どんな生命を見ても「幸せでありますように」と、それだけを思っていると、確実に「ああ、自分はほんとうに清らかな人間になった」ということがわかってきます。時間はかかりませんよ。二、三週間で、変化が実感できます。

なにも悪いことができなくなってしまうのです。かすかにでも怒れなくなってしまうのです。イヤな気持ちになったり、文句を言いたくなったり、そういうのは全部消えてしまう。なにも文句を言うことがなくなって、だれを見ても、どんな生命を見ても、すごくやさしく自分の子どものように感じてしまう。そうすると、すごく気持ちいいのですね。

そこで、すごい至福感、幸福感、充実感で、こころは満杯になって、あふれ出してしまうのです。いつでも「生きとし生けるものが幸せでありますように」と。

それなのですね、人間の生きる目的というのは。こころから幸福感があふれ出すような、清らかなこころをつくれば、それでほとんど人生というものは完成するのです。

ゴキブリを見たって、「まあイヤだ」とか「殺してやりたい」とか思うと、ゴキブリもかわいそうですけど、そう思う自分のこころは、どれほど怒りで、きたなくよごれていることとか。それは、すごい苦しみなのです。

ですから、それがなくなって、だれを見ても、虫を見ても、ゴキブリを見ても、人間を見ても、鳥を見ても、ほかのだれを見ても、だれに会っても、わが子のように、すごくやさしい、美しい、清らかな、明るい気持ちが生まれているならば、それほどありがたいことはないのです。

こんなふうに喩《たと》えてみましょう。私たちは、慈悲という照明の中に来て、暗いこころをなくしてもらうのですね。暗いところに光をつくってもらうのです。その光の下で、自分たちが本を読んだり、仕事をしたり、いろんな活動をする。

慈悲の冥想というのは、自分が、すべての生命に光を与える灯台のようなものになることなのです。日本のことばを借りて申しあげるなら、自分がそのまま仏様のこころになってしまうのです。「神様、仏様、なんとかお願いします」「〇〇してちょうだい」ではなくて、自分が神様、仏様のようになってしまうのです。人に幸福を与えてあげる人になるのです。

幸せを乞うのではなくて、「だれでも寄って来なさい」と、「みんなに幸せを、幸福を、安らかなこころをあげます」、「自分には充分あふれるほど、やさしいこころの波動があるのだ」という人になってほしいのです。文句を言う人間ではなく、悩んだりする人間ではなくて、なんにも悩むことがない、すごく明るく元気で、楽しい人に。

赤ちゃんや子どもなんかは、すごくかわいいのですね。

なぜ、かわいいかというと、あまりこころが汚れていないし、自分がやさしくないとまわりは自分の面倒を見てくれない、と知っているのです。赤ちゃんは、すごくするどいのです。ですから、いつでもちゃんと母親や、おじいちゃん、おばあちゃんたちとか、みんなの機嫌《きげん》を取っているのです。みんなを楽しませてあげるのです。それでみんな、子どもの面倒を見てあげるし、すごくかわいいと感じてしまう。

でも、大人になると忘れてしまうのですね。忘れてわがままになってしまうのです。自分のことしか考えない。

そうすると、子どもたちのもっているあの光がどんどん消えて、電気が全部消えて、焼けてしまうのですね。もう二度と光らないのです。暗くなってしまう。

慈悲の冥想をすると、またあの光を照らせるようになる。みんなに光を与えられる人間になる。

そうすると瞬《また》く間《ま》に、また、ものすごく幸せな生き方が戻ってくる。よみがえってくるのです。

地球からの借りものに執着する苦しみのこころ

なぜお釈迦さまは、そんなに慈悲の冥想を教えているのでしょうか？お釈迦さまは、すごく平和な教えを説かれたのですね。

人間はいつでも、おたがいに戦っています。親と子どもが戦うし、親戚同士戦うし、友達同士で戦うし、隣同士で戦うし、敵をつくって戦うし、国と国が戦うし……。全部戦い。仕事も戦いなのですね。

戦いというのは、すごい怒り、恨み、嫉妬、そういうものすごく汚れた、苦しみのこころでやっているのです。だからみんな、疲れて疲れて、ぼろぼろになるのです。苦しみで、怒りで、かわいそうに死んでしまうのです。死ぬときも、悔しい気持ちで死んでしまうのです。明るく、楽しく死ぬことができなくなってしまうのです。ですから、ものすごくかわいそうなのです、人間は。

現代に生きている私たちは、世の中の経済状況について、いつもびくびくしているのですね。これからどうなることかと。

いくら日本が豊かだといっても、落ち着いた時はちっともなかったという感じが、私にはしますよ。経済的に豊かなのだけど、どこかでびくびくしているのですね。どこかに不安があるのですね。「将来、大丈夫か？　これからどうなるのだろうか？」などといつも考えてしまって、困っているのですね。

だから毎日、必死に戦って生きているのですね。それは、ヨーロッパ的な「経済」が日本に来たからです。それが豊かさだと信じ込んでいますが、こころが豊かかどうかは聞いてみなくてはね。こころが豊かであれば、それで充分なのです。

こんな服なんか、身体なんか、どうせ捨ててしまうものだから。これは全部、地球からもらったただの物質、地球の土なのですね。鶏《にわとり》やらキャベツやら、いろんなものを食べてできたものだから、これは返さなければいけないのです。地球は、「貸してあげたものだから、全部返してください」と持っていってしまうのです。

でも、こころは捨てませんよ。こころだけは、私たちのものなのです。死んでから、地球に返さないで持っていけるものは、こころだけです。

それなのに、地球の土のせいで、こころが暗く暗くなってしまうなら、お金のためにけんかするならば、土地のためにけんかするならば、もうかわいそうでかわいそうで、見ていられないくらいなのです。

ですから、人間はやはり、慈悲のこころを育てるしかないのです。昔話にもあるのです。人間が天下を取ると、大地が笑っているのだと。「このばかどもも、なにをやっているのか、この土地は私のものだ」とね。

「この会社は私がつくったものだ。あの会社はライバル社だから倒さなくちゃいけない」とか、そういうけんかをしていると、地球が笑っているのです。「この連中は、私が貸してあげたもので、私はまた返してもらうのに、なにをやっているのか」と。

借りているものでけんかまでして、こころを汚《きたな》くして、死んでからも不幸になってしまうのです。

汚いこころの人は、地球にしたって、たいへん迷惑なのですね。人が汚いこころで歩くとき、地球はすごくイヤでイヤで、自然にしたって、すごく迷惑なのです。そんな人間は、いてほしくないのです。

野生の鳥やら動物やらは、なんのことなくすごく楽しく、困ることもなにもなく、あしたなに食おうかとか、ぜんぜん考えませんから、すごく気持ちよく生きています。それで、気持ちよく死んでしまえる。人間にだけ、これができないのです。人間だけ、全部壊してしまうのですね。

いろんな動物が、いま、絶滅状態になっています。あれは、動物のせいではないのです。全部、人間のせいなのです。

だから、地球がもしなにかできるとすれば、まず壊すのは人間なのです。もし地球に「イヤな連中は片っ端《ぱし》から壊してしまいなさい」と言ったならば、一番先に矛先《ほこさき》を向けるのは人間にたいしてでしょう。

「この連中は、ずっと私をいじめてきたんだ。核兵器なんかつくったりして、地球を完全に汚染しようとしているし。だから、先にこの連中を処分したいなあ」と思うでしょうね。

大地のこころ、母のこころ

慈悲というのは、地球（大地）に喩《たと》えられます。

「慈悲の冥想をする人は、地球、大地のこころでやりなさい」

と、お釈迦さまがおっしゃっているのですね。

お坊さんたちも、きびしくそのように戒《いまし》められています。

「あなたがたは、大地のこころで慈悲を実践しなさい」

と。

大地とはどういうものでしょうか？

人が花を植えて、きれいな庭を作ったりする。でも、だからといって、大地はべつに喜ぶということはない。

人が穴を掘ったり、土を運び出したり、壊したり、爆弾をしかけたりまでする。でも、大地はぜんぜん「ああ、イヤだなあ」とか言うこともなく、なんのこともないのです。

人は排泄物《はいせつぶつ》やら廃棄物《はいきぶつ》やらを全部、大地に捨ててしまうでしょう。ゴミも全部、大地に捨ててしまう。でも、大地はなんのことなく落ち着いて、全部受け入れている。

われわれが大事にするものも、邪魔にするものも、なんでもかんでも、なんのことなく受け入れる。それだけではなく、できるだけ、私たちを守ってくれる。

私たちが汚す分は、大地が一所懸命きれいにしてくれる。文句を言わない。それが大地です。

また、慈悲は母のこころと同じなのですね。

子どもの面倒を見る母は、子どもが散らかしてしまうと、なんのことなく全部、片っ端からきれいに片づける。子どもが泣いたら、慰めてあげる。笑っていると、いっしょに笑ってあげる。面倒を見てあげるだけです。

そのようなこころをつくりなさいと。文句を言ってはならないのです。

「あいつが悪いんだ」とか、子どもならよく言うのですけどね。それは、できていないからなのです。

母のようなこころをつくるということは、仏教のたいへん大事な実践なのです。

自分を観《み》る冥想（ヴィパッサナー冥想）

冥想はいろいろたくさんありますが、もうひとつ、ヴィパッサナー冥想、自分を観る冥想を紹介しています。

自分を観ること。自分を外へ置いといて、外からよく観る。そうすると観えるのですね、自分自身のことが。

自分中心にものごとを見るのではなくて、客観的に自分のことを見て、ありのままに理解するのです。それで智慧《ちえ》が生まれてくるのです。私たちには、修行をして育てないかぎり、智慧はなかなか生まれてこないものなのです。

ちょっとした例で説明いたします。

今日も午後に講演会があります。

「子どものこころをどうやって理解するか」というテーマです。

そんなこと、深く考えると恥ずかしいテーマではないかと思ったりすることもあります。

子育ての智慧は本能的なもので、すべての生命にそれだけはあるはずなのです。子どもを育てないと、種族が絶えてしまうのですからね。でも、現代社会に生きているわれわれは、自分の子どものこころを理解するために講演会を開きます。どうやって子どもを育てるかを、関係のない他人に教えてもらいます。

「自分の子どもなんだから、自分の智慧で育てなさいよ」と言いたいところですが、やはりそれがわからないのです。

自分の子どものこころがわからない、旦那さんのこころがわからない、親のこころがわからないし、なにもわからないのです。どういうことかというと、結局、なんでもかんでも自分中心に考えてしまうのです。それで、わからなくなってしまうのですね。

智慧があると、全部見えてくるのです。智慧をつくるためには、自分中心に考えることをなくさなければいけない。仏教のことばでは我《が》、自我というものですね。この「自我」をなくさなければいけないのです。

自我というものは、実際あるものではないのです。私たちが世界を知る、ものを認識して判断する過程で現われる副産物で、ひとつの現象《げんしょう》（幻覚）なのです。

「私が」見たとか、「私が」思ったとか、「私が」決めたとか、この「私が」が幻覚です。ここに、「私」という塊《かたまり》がいるわけではないのです。自我が現象であることを理解するために、体験するために、ヴィパッサナーという、自分を明確に観《み》る冥想があるのです。

それをやっていると、なにか自分が消えてしまって、ただ自分の行動だけが見えてくる。その行動が、すべての生命に同じだと理解できる。この場合はこうなるのだ、この場合はこうなるのだと、時と場合によって行動と反応が変わることも見えてくる。

そう見えてくると、子どものことにしても、だれのことにしても、「あっ、こういうことだ。こうすればいいんだ」と、なんのこともなくさっとひらめいてしまうのです。考えると、智慧が出てこない。

その冥想の実践は、気づいて歩くこと、座って自分の呼吸に気づくことなど、すごく簡単な方法なのです。

楽に座って、自分の身体に生まれてくるさまざまな感覚に気づいて確

かゆみ
妄想
縮み
膨らみ
痛み
しびれ

認します。客観的に。

おなかが膨《ふく》らむときには「膨らんでいる」、縮《ちぢ》むときには「縮んでいる」、痛くなってくると「痛み」、しびれたら「しびれ」、なにか考えたら「考え。妄想」と、そういうふうに客観的に観察をしてみます。

なにもないときは、「膨らみ」「縮み」「膨らみ」「縮み」。

身体の感覚を、外のもののようにひとつひとつラベリングして、ことばで確認して観ている。

そのやり方で、自分という存在がすべてわかってくるのです。

質問コーナー

いま、生きとし生けるものみんなに慈悲のこころをもちなさい、と言われましたが、害虫とかゴキブリとかも、殺さないで逃がしたほうがいいのでしょうか？

〈殺生は怒りのこころ〉

まあ、殺生《せっしょう》はよくないのです、とにかく。自分のわがままで殺してしまいますからね。みんなに生きる権利があるのです、害虫にも。それを奪ってしまうと、自分の生きる権利も奪われてしまう。自然というのは全部、一対一というか、自分のやったことはかならず返ってくるのです。ゴキブリを殺したから殺されるということではなくて、ゴキブリの生きる権利を奪ったのですね。そうするとその分、自分の生きる権利も消えてしまうのです。

人間はでっかい生命だから、すぐ死ぬことはないのだけど、その代わりになにか不幸に遭《あ》ったりとか、なにか病気になったりとか、怪我《けが》したりとか、自分の幸せが失われるのです。

人はゴキブリなんか平気で殺してしまいますけど、ゴキブリを見ていると、彼らも悔しがり、悲しがり、痛がっていることがよくわかります。それを見ると、こころに感じる人にとって、殺すことは絶対できないことなのです。

そこで「害虫」ということばを考えてみてください。「害虫」というのは、人間が怒っているから害虫なのであって、そうでないと害虫はいません。

　とくに農業の生活をなさっているかたにとっては、やはり害虫の問題はよくあると思いますが、いまの農業というのはおかしいのです。あれは農業ではなくて、商売なのです。農業を、金のためにやらなくてはならない商業に、われわれは変えてしまったのです。

　昔の農業というのは、人を生かすために、命を与えるためにやる、尊い仕事だったのです。いまでも農業をやっているかたがたというのは、かなり立派で人間ができているのです。勉強していてもいなくても。

　私たち農業をぜんぜんやっていない者から見たら、なんとなく目上の人のように感じてしまうのです。人びとに命を与えているかたがただから。

現代では、農業というのは商売、金を儲けるものであって、自然を破壊しながら農業をやってしまうのですね。バランスをくずしてしまうのです。

そうすると、バランスがくずれてしまったから害虫がいるのです。そうでなければ害虫というものはいないのです。農作物がわけのわからない病気にかかったりするのも、人間のせい、人間の怒りのせいであって、慈悲がないからなのですね。

〈慈悲のこころで生きる〉

慈悲のある人が、なにかを植えたら、もう四倍も五倍も実がなってしまうのです。それで、その一部を鳥かなにかに取られてしまっても、ぜんぜん気にする必要はないし、植物からすごく恩返ししてもらえるのです。

ですから、害虫というのは、仏教ではあんまり考えないことばなのです。私たちが、「やっぱり殺したりしないぞ。生かしてあげる」と決めたら、見ていてください、かならずその生命は私たちを助けてくれます。ぜんぜん邪魔をしない。すごい不思議なことなのです。

でも、怒ってしまって、殺さなければいけないと思ったら、いくら殺しても殺しきれないのです。そういうことでしょう。いくらいろんな殺虫剤を開発しても、どれだけ使っても、結局、殺しつくせるわけはないでしょう。さらに生態系を破壊するだけです。殺すことでは虫の問題はなくならない。それどころか、自分たちが殺されているだけなのです。

われわれはいま、殺虫剤などなど、有害物質の入っている食べものを食べているでしょう。結局、負けなのです。それは、はじめから怒りで、「生きとし生けるものが幸せでありますように」という気持ちでやっていないからなのです。

畑で種を蒔《ま》くときも、「これをみんながおいしく食べて、元気になってほしいなあ」という気持ちで種を蒔いてみたら、ずいぶん結果が違うのです。やさしい人は、けっして不幸に遭わないのです。「商売してやろう、金を儲けてやろう、虫や鳥に食われてたまるか、少しの損もイヤだぞ」と思ったら、かならずそこに損がついてくるのです。

「これは商売ではないのだ」、「私はこういうことをしたほうがみんなにいいのだ」、「これでいろんな人びとが助かるのだ」と作物を育てる、そして食べてくれる人びとを自分の子どものように感じて「幸せでありますように」とやったら、その人はまったく損はしない。そうすると、「仕事をするのが楽しくて楽しくて」ということになります。

自分が自分の子どもたちに、ご飯を食べさせるために作るのは楽しいものでしょう。いろいろ工夫したり、「こういうふうに作ったほうがいい」とか、いろんなことをしたりして、ニンジンが嫌いだったら、「どんな工夫をしたらニンジンを食べてくれるかな」とかね。いろんなことをやったら、すごく充実感が出てくるし、自分の仕事がそんなふうに楽しくできるのです。

たとえば自転車の修理をしている人なら、「なんで私はこのいろいろきたないものに触ったり、よごれた身体で仕事をしなくちゃいけないんだ」と思ったら苦しいし、「いっぱい金を儲けなくちゃいけない」と思ったら、それまた苦しい。

そうではなくて、「自分が修理してあげる自転車に、みんなが元気で、子どもたちが乗ったりして遊んだりするのは楽しくて楽しくて」と思ってやれば、みんなすごく寄ってくるのです。「おじちゃん、これ直してちょうだい」とか。子どもが喜んでやってもらうと、親がその人の面倒をちゃんと見てあげる。自然というのは、そういうふうにやさしい人のことは守ってくれるのです。

〈殺すと殺される〉

ですから、たとえゴキブリにしても、殺すというのは恐ろしい考えです。殺すと殺される。身体を殺されるのは楽だから、それはやってくれない。精神的に殺されてしまうのです。それは、すごくきついのです。長生きさせて、ずっと苦しませるのだから。いまはけっこう、長生きしますからね。でも、こころの平和がない。

ですから、殺生に気をつけたほうがいいと思います。精神的に苦しみ

ながら長生きさせられることは、すごくきついのです。すぐさっと死んでしまったら、それからはもう違う人生だから、いいのですが、生命の法則は、そんなにやさしくはないのです。じわじわといじめられてしまうのです。とくに、がんとかね。

日本では、食べものは世界でも一番、健康に気をつけて食べているのに、胃がんにやられ、腸をやられる。けっこう多いでしょう。私たちの勉強会に来ているかたでも、話してみると、こちらのかたは胃がないとか、そちらのかたは肛門《こうもん》を取られているとか、やはりそういうふうになっているのですね。

ですから、じわじわと人はいじめられているのです、自然から。それは、自分がやったことの結果なのです。

食べるときに、ほんとうにありがたいという気持ちはしないし、欲張ってバクバク食べたりするし、自分が食べるために殺された生命にたいして、なんの感情もないのですね。生きたまま食べてしまったりするし。ああいうのは、すごく恐ろしいのですね。

やはりやさしいこころで、感謝して、「私は魚を食べましたけど、その分、生命を助けるためになにかしなければならないのだ。申しわけない」という気持ちでいると、なにも病気とかは出てこないのですね。

人間というのは、ほんとにまちがうようにできているものですから、慈しみのこころを努力して育てなくてはならないのです。

〈こころを清らかにすることが仕事〉

だから、こころを清らかにすることが、私たちの仕事なのです。

ほかのことは仕事ではないのです。ただ、生きるために必要だから、ちょっとしたことをやるだけのこと。身体を維持するためにやるだけのことです。でも、どうせ身体は捨ててしまいますからね。だから、身体の面倒を見ることは仕事ではないのです。

こころの面倒を見て、こころを直すことが仕事なのです。そのために、私たちはここに生まれてきて、身体を貸してもらっているのです。借りた身体を使って、こころを清らかにするのです。

そうすると、人はぼけない。なぜならば、死ぬまで仕事がありますから。

ただ畑の仕事をすることだけが仕事だと思ったら、身体が歳《とし》を取ってきたらできないでしょう。そして、やることがなくてぼけてしまう。すごくイヤになってしまうのです。仕事をしてきた人だから、人が言うことを黙って聞いていることもできない癖《くせ》がついているし、だからといっ

て、もう他人は自分の言うことを聞いてくれない。それで、生きることもイヤになってしまいます。家の中で、いつもけんかになってしまいます。そうすると、孫たちにも嫌われてしまうし、ものすごい苦しみなのですね。

でも、「生まれてきたら死ぬまで、こころを清らかにするのが仕事だ。そのために生まれてきたのだ。汚れたこころで生まれてきたのだけど、明るいこころで死にますよ」と、それができれば成功なのです。

仏教においては、大人も子どもも、あまり関係ない。気にしない。みんなに同じことを言っているのです。

「がんばりなさい。あした死のうとも、今日一日あるじゃないか。あなたには怠けている暇はないのだ。こころを清らかにすることだけ、さっさとやりなさい」と。

〈いますぐ慈悲のこころを〉

出家した人には、ものすごく恐ろしいことを言うのです。

「あなたの身体に火がついているような感じでやりなさい」

と。髪の毛に火がついてしまったらどうしますか？　たとえば、漫画を読んでいる。それで頭に火がついている。「じゃあ、漫画を読み終わってから火を消しましょう」と、そんなのんびりできますか？　服に火がついてどんどん上がっているときに、「じゃあ、タバコを一服吸ってから火を消してやろう」とかね、火を見ながらできますか？

身体に火がついた人がすぐするべきなのは、火を消すことなのです。そんな感じでがんばれと。それぐらいの速さで、怠けないで、こころを清らかにしなさいと。

私たちにたった一日しか命がないとすれば、その一日でがんばらなけ

ればいけない。ですから忙しいのです、仏教は。もともとの仏教は。あとでいろいろ教えが出てきましたけど、釈尊の仏教はすごく忙しいのです。のんびりする暇《ひま》がない。とても忙しくて、その分、気持ちはいいのですね。やるべきことがありますからね。

ですからみなさんは、「人生もう半分終わった」とか、そんな暗いことを考えている暇はありませんよ。やることはいっぱいあるのです。今日の一日を大事にしなくちゃいけません。

今日一日で、人生が終わるかもしれないのですから、今日がんばって清らかにしなければ。やってみると、早いうちに、完全にこころはきれいになってしまうのです。

もうひとつ申しあげますと、釈尊のことばには他と違うところがあります。世の中には、いろんな宗教があるのですね。それがどんな宗教でも、死んでからの話なのですね。死んでから天国に行くとか。それを、お釈迦さまは「ちょっと怪しいのではないか」と言うのです。

べつに、それぞれ教えは一部いいのです。でも、「死んでから天国に行くためにいいことをしなさい」とか言うのです。キリスト教でしたら、「みんなを愛しなさい」と、一所懸命言っているのです。「愛しなさい」というのは悪くはないのだけど、死んでから結果が出るというのだから、もし結果が出なかったらどうするのですか？　問題が出てくるのですね。死んでからでは、もう遅いのだから。

仏教というのは、そうではなくて、死ぬまで人間はどうするべきかということを、すごく強調するのですね。もしなにか得るならば、死ぬ前に得ましょう。

ですから、仏教の悟りというのは、死ぬ前に体験しなければいけないのです。死んでからではありません。生きているいま、毎日充実して、幸せに生きていなくてはいけません。一日一日を大事に生きて、自分の人生を、なんとかして成功させなくてはいけないのです。

人生の成功は、仕事の成功ではありません。お金がいっぱいあることではありません。「家族がなんとかになる」、そんなことは成功でもなんでもない。いくらお金があっても、すぐ消える可能性もあるし。「元気でいますよ」とか、そんなことは成功でもなんでもない。すぐ病気になってしまいますからね。

こころなのです。こころをきれいにすることが人生の成功なのです。物ではないのです。

〈生活のすべてが冥想〉

そういうことで、生きているあいだが勝負であって、生きている時間を大事にしなければいけません。むだにしてはいけない。「やることないなあ」と言って、つまらながったり、退屈したり、そんな暇はないのです。

やることがなければ目を閉じて、自分の身体を観察する。自分のこころを観察する。そうすると、観《み》えてきますからね。「私はあの人に悪いことを言った」とかね。「私は怒った」、「そのころ怒りがあった」、「怒りはよくない」とかね。「私は貪《むさぼ》った」、「貪りもよくない」と、そういうふうに自分のこころを観る。退屈はしないのです。

歩く冥想もあります。歩く冥想は、すごくいい冥想なのです。とても簡単で、楽しくできます。

右足上げます
運びます
下ろします

立っています
感じています
立っています
感じています…

時間があったら、歩いてみる。なにも考えないで、足の動きだけを感じる。左足を上げて、運んで、下ろす、右足を上げて、運んで、下ろす。その動きだけを感じているのです。できるようになってくると、すごく楽しくなってくるのです。

あるいは、立っていることを観るということもできます。なにもしないで、ただ立っている。ちゃんと立っている。目を閉じて、足の裏を感じている。ずっとそれだけ。

足の裏を感じて感じて、頭の中になにか妄想が浮かんだら、「それは妄想しているんだ。足の裏を観ます」と足の裏を感じて、「立っています、感じています」と、ことばで確認する。

そうすると、徐々に足の裏からほかのところまで身体を感じはじめるのです。頭まで。そういうのを全部感じてみる。頭の中の混乱がなくなってきます。そうやって、こころをきれいにしてあげる。で、そういうのは、いくらでもできるのですね。こころは、徐々に徐々にきれいになる。確実に。具体的に。そういうふうにがんばってみましょう。

それから、なにをするにしても、先に、かすかにでも、慈悲の念を頭に入れて始めるならば、人生そのものが、たいへんありがたい修行になると思います。

料理をするときでも、「みんな幸せでありますように」、「これを食べて元気で明るく幸せになってほしい」という念を入れてからする。人に文章を書くときも、「その人がとても幸せを感じられますように」と思ってやる。そうすると、文章を書くことが楽しくなってくるのです。

だいたい人というのは、文章を書く場合は、「自分が立派なものを書いた」と、みんなに思ってほしいのです。みんなに褒《ほ》められたいのです。

そうすると、すごく苦しくなってくるのです。「ああ、疲れた。どうしよう」ということになります。

そうではなくて、ただ慈悲のこころで「みんな幸せでありますように」という気持ちで文章を書くと、なんのことなく書けるのです。ことばが、さっさと流れてくるのです。

料理にしても、「これをみんなが楽しく食べて、元気になってほしい」、「すべての生命が幸せでありますように」という気持ちでやると、失敗もなく、疲れることもなく、なんでも楽しくできてしまうのです。それで、自分にとってすごく幸福感が入ってくるのです。

料理・洗濯、どんなことでも慈悲のこころを込めてすれば、明るく楽しくできて、結果もよいのです。

そういうふうに、毎日、起きている時間は終始、慈悲の冥想。

そうすると、徐々に夢の中でもできるようになってくるのです。夢の中でも人に会ったりするのですから。

日常生活がまるごと、慈悲の冥想の実践になります。

そこに不思議な、幸せに満ちた世界が現われてきます。確実に。

さあ、がんばってください。

あとがき

「スマナサーラ長老の悩みをなくす7つの玉手箱」シリーズも、本書で最終巻となりました。本書に収められた法話は、一九九七年三月に誓《せい》教寺《きょうじ》でおこなわれた仏道実践会でお話しされたものです（施本『幸せは慈しみの中にある』一九九八年九月刊）。日本におけるスマナサーラ長老の数々の法話のなかでも、初期のものになると思われます。

いまから十二年前に話されたものですが、急速に世の中全体が変化していくこの時代のなかで、まったく色褪《いろあ》せもせず、新鮮なインパクトを保っていることに驚かされます。

「いつでも新しい」の秘密はなんでしょうか。

新しいことを追いかけるということにおいて、スマナサーラ長老はかなり努力なさっているように見えます。法話がこころに届くようにするために、人びとの関心や考え方を知って、聴く人にとって身近で具体的な事例を挙げる必要があるからです。社会の動向、ニュースの最前線を知り、科学の最先端の情報を集め、素粒子《そりゅうし》の研究から、テレビショッピングの売れ筋まで、ありとあらゆることをご存知です。法話のなかには、仕入れたばかりの、その朝の新聞に載っていたことがら、ニュースで聞いたばかりのことがらが登場します。新しいといえば、これほど新しい話題はありません。

しかし、法話を文章にして出版する頃になると、その新しさは通用しないこともあるのです。もう、人びとの関心からはずれてしまい、その具体例が使えなくなっていることも珍しくはありません。ですから、話題の新鮮さは、かならずしも法話の「新しさ」の源とはいえません。

ほんとうの「新しさ」は、別のところにあります。何年たっても色褪せない「新しさ」があるのです。それは、「真理」ということです。お釈迦さまの説かれた法が真理だからこそ、時代と関係なく、いつでもどこでも、新しいのです。

真理とは、いつだれがアプローチをしても、けっして揺るがない事実・真実ということです。ただし、1＋2＝3のように、だれにでもはっきりと見えているならば簡単ですが、お釈迦さまが説かれた真理はそうではありません。いいえ、隠れることなくそこにあって、だれの目にも見えているはずなのですが、私たちが見ようとしないので、見えていないのです。

そこで手を変え品を変え、なんとか見せてあげようというのが、長老の努力です。私たちの頑《かたくな》で、へそ曲がりなこころに、真理のかけらが少しでも食い込んだとき、爽《さわ》やかな風が吹き込んだかのように、「あ、そうか」と驚くのです。それが私たちの感じる「新しさ」ではないでしょうか。

「私はただ、お釈迦さまの説かれた真理を、現代の人びとに理解できるように話しているだけです」

というのがスマナサーラ長老の一貫した態度です。

お釈迦さまに忠実に、お釈迦さまの説かれたことからはみ出すことなく、一切の著作権をお釈迦さまのものとして、法を説く長老は、きっと逆に、みずからの法話には「ひとかけらも新しいことなどない」とおっしゃるに違いありません。「全部、二千六百年前に説かれていたことだよ」と。

さて、「殺生をしない」ということも、お釈迦さまが説かれた「真理」のひとつです。なぜ「殺生をしない」ことが「真理」なのでしょう。

殺生をすると、した自分が不幸になるということが、決まりきった法則だからなのです。悩み苦しんで感情が制御できずに殺人を犯す場合でも、あるいはなんの罪悪感もなく虫を潰《つぶ》す場合でも、相手の生命の生きる権利を奪った分、自分の生きる権利がなくなってしまう、そういう法則だから、やめなさいということなのです。

お釈迦さまのことばに、こうあります。

「これ（殺生）が苦しみの生涯をもたらす」

とだれもが知っているなら、
生きものが生きものを殺すことなどないだろうに。
生きものを殺す者が、嘆き苦しむことになるのだから。
（『ジャータカ』第一八話第一七偈）

真理の法則を知らないがゆえに、私たちは苦しみ悩みをみずから生み出してしまうのです。そのうえ、自家生産の苦しみなのに、原因を他に求めることで、さらにさらに、苦の悪循環の泥沼にはまってしまいます。

まずは、自分自身のためでよいのです。自分自身への慈しみで、悪いことを遠ざけてほしい。それが、幸せになるための第一歩です。お釈迦さまが私たちへの慈しみで、私たちの幸せを願って説かれたメッセージなのです。

そのお釈迦さまをめざして、次のステップ、あらゆる生命への慈しみへとこころを育てることによって、いま、この瞬間から、私たちの人生は好転します。

この法話とは別の機会でしたが、佐賀県で農業を営むかたが、殺生についての同様の質問を長老にされました。そのかたは、大規模な農地をすべて自然農でやっておられて、虫との闘いは切実な問題だったのです。しかし、長老の話を聴き、長年の疑問・迷いが吹き飛んだそうです。

「生命の法則にのっとって農業をする。殺さないぞ」と決めてから、不思議なことに、自然農で順調にやっていけるようになったとのことです。いまでは、トラックに野菜を積んで販売に出かけると、お客さんが並んで待っているそうです。

慈しみのパワーが、私たちのちっぽけな計算をはるかに越えていることは、実践したかたがたの具体的な経験として、数多く耳にします。そのかたがたは、自分の力とは思っても感じてもいらっしゃらないようで「ほんとうに不思議だ」と一様におっしゃいます。ですが、聞いている私たちは、そのかたがたの慈悲のこころに、畏敬の念を覚えずにはおれません。

仏教はまず実践です。玉手箱を開けたみなさまが、それぞれに見つけた宝によって、幸せでありますようにと、こころから念じます。

田舎の寺が発行した小さな施本たちを、埋もれさせることなく、玉手箱シリーズ全7巻として刊行しようとご尽力くださいました国書刊行会の畑中茂様には、御礼の言葉もございません。おかげで多くのかたがたに仏教の宝物をお届けするお手伝いができましたことに、深く感謝いたします。畑中様をはじめ、国書刊行会のみなさまの真摯《しんし》でていねいな本作りの姿勢に、たくさんのことを学ばせていただきました。ありがとうございました。

なによりも忘れてはならないのが、本シリーズの全編にわたって、楽しく温かい風を吹き込んでくださった数多くのイラストと装幀です。REALIZE の佐藤広基様、桃子様のお力なしには、このシリーズは誕生しませんでした。こころからの感謝を捧げます。また、第一巻と第三巻には、宝泉寺の笛岡法子様にも、ウィットに富んだ、こちらが思わず啓発されるイラストを添えていただきました。むずかしい要求に見事にこたえるイラストを生み出し、すばらしい玉手箱に仕上げてくださった、三人のイラストレーターに随喜《ずいき》して、厚く御礼申し上げます。

生きとし生けるものが幸せでありますように

誓教寺坊守　藤本　竜子

アルボムッレ・スマナサーラ (Ven. Alubomulle Sumanasara)
1945年、スリランカ生まれ。13歳で出家得度。国立ケラニヤ大学で教鞭をとったのち、1980年に招聘されて来日。
現在、日本テーラワーダ仏教協会の長老として、冥想指導・説法・経典勉強会・講演会・著書の執筆など多方面にわたる仏教活動をおこなう。
2005年、大寺派日本大サンガ主管長老に就任。
著書 『希望のしくみ』(養老孟司との共著、宝島社)
『無常の見方』『怒らないこと』『心は病気』(サンガ)
『死後はどうなるの?』(国書刊行会)
『ブッダ—大人になる道』(筑摩書房) など多数。
連絡 東京都渋谷区幡ヶ谷1-23-9 〒151-0072
(宗)日本テーラワーダ仏教協会

藤本 竜子 (ふじもと りゅうこ)
1960年、京都市生まれ。関西学院大学文学部教育学科卒業。大谷大学大学院仏教学専攻修士課程修了。現在、浄土真宗誓教寺坊守。

慈《いつく》しみと人間《にんげん》成長《せいちょう》　スマナサーラ長老の悩みをなくす7つの玉手箱⑦

ISBN978-4-336-05082-3
平成21年4月15日　初版第1刷発行

著　者　A・スマナサーラ
発行者　佐藤今朝夫

〒174-0056 東京都板橋区志村1-13-15
発行所　株式会社　国書刊行会
電話 03(5970)7421　FAX 03(5970)7427
E-mail: info@kokusho.co.jp　URL: http://www.kokusho.co.jp

落丁本・乱丁本はお取替えいたします。　印刷 ㈱シーフォース　製本 村上製本所